DERNIER CRI,

DERNIÈRES PLAINTES,

DERNIERS GÉMISSEMENS

DES RENTIERS.

IMPRIMERIE ANTH. BOUCHER, RUE DES BONS-ENFANS, N°. 34.

DERNIER CRI,

DERNIÈRES PLAINTES,

DERNIERS GÉMISSEMENS DES RENTIERS.

PREMIÈRE PARTIE.

La Rente (des Rentiers) n'est pas réductible ni remboursable, ou *Réfutation* de cette assertion tirée du Code civil : « La Rente est essentiellement remboursable. »

DEUXIÈME PARTIE,

Ou Réfutation de quelques aberrations ministérielles.

Sous l'ancien droit, les Rentes n'étaient pas remboursables;

Loi du 21 floréal an 10, Constitutive des cinq pour cent consolidés, Prohibitive de réduction ou de remboursement;

Fausse application de quelques lois invoquées en faveur du Projet;

Destination exclusive de la Caisse d'amortissement d'après la loi du 21 floréal :

Explication *du titre* de la rente *cinq pour cent consolidés*, mal interprété par le Ministère.

CONSÉQUENCE.

Projet de loi repoussé par le code civil; repoussé par la loi de floréal an 10; repoussé par ces mots : *cinq* pour cent *consolidés;* illégal, injuste, dangereux, inadmissible.

PAR G. D., AVOCAT SANS CAUSE.

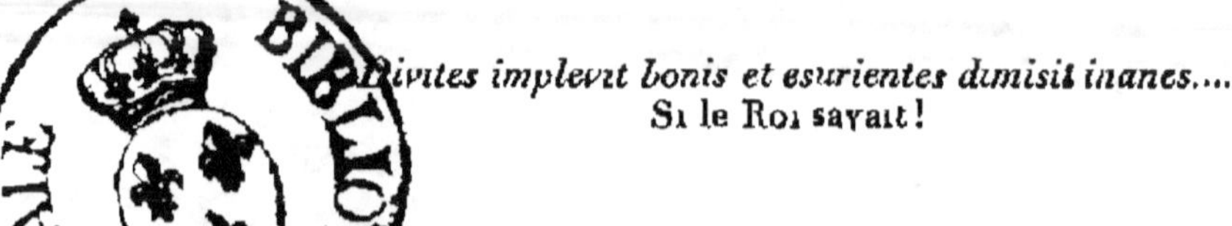

Divites implevit bonis et esurientes dimisit inanes.....
Si le Roi savait !

A PARIS,

CHEZ L'AUTEUR.

FÉVRIER 1825, AN DE GRACE.

DERNIER CRI,

DERNIÈRES PLAINTES,

DERNIERS GÉMISSEMENS DES RENTIERS.

PREMIÈRE PARTIE.

INTRODUCTION.

La révolution a commencé la ruine des rentiers; voudrait-on, sous la restauration, la consommer? *Deus omen avertat.*

Je termine ici mon exorde et j'entre en matière.

On a dit : La rente est remboursable, parce qu'elle est le résultat d'un emprunt; parce que telle est la volonté de la loi : autant d'assertions, autant d'erreurs; et de là un projet de loi injuste, impolitique, dangereux.

La rente (des rentiers, la dette du Gouvernement, connue sous la dénomination de 5 pour 100 consolidés) ne peut pas, *dans l'état actuel de la législation*, et d'après les caractères *légaux* attachés à cette rente, être considérée comme résultat d'un emprunt.

Elle n'est point remboursable, la loi ne dit pas qu'elle le soit, elle établit le contraire.

J'entreprends de le prouver : et d'abord d'où a-t-on fait sortir cette assertion : *la rente est le résultat d'un emprunt*, et, sous ce rapport, *essentiellement rachetable* ?

Des dispositions du code civil (1).

Cette *citation* fallacieuse servait merveilleusement la fâcheuse conception du ministère; il l'a accueillie avec empressement, embrassée avec transport.

Ses partisans l'ont répétée, vantée, proclamée ; et presque sans examen les esprits les

____

(1) M. le président des ministres a dit :

« Veut-on une preuve *du droit* que nous avons de rembourser ? Qu'on consulte les anciennes lois, etc., etc.

» Veut-on la demander aux nouvelles lois ? Le Code civil l'a formellement consacrée. »

M. le rapporteur de la commission a cité les art. 529, 1911 et 1912 du même Code.

C'est à ces diverses citations que nous répondons dans la première partie de ce travail.

plus judicieux (1) et les plus opposés à ce dé-sastreux projet, ont paru l'adopter en principe, en repoussant d'ailleurs de toute leur force une loi qui leur semblait injuste, déloyale, dangereuse pour le crédit public, et peut-être pour la sûreté de l'État.

Il faut le reconnaître, l'art. 1911 du code civil porte ces mots :

« La rente constituée en perpétuelle est » essentiellement rachetable. »

Le génie des spéculations financières a trouvé cette découverte heureuse et suffisante pour croire le ministère à l'abri de toute atta-que, son projet à l'abri de toute critique, et l'exécution de cette funeste combinaison à l'abri de toute incertitude.

Mais la déloyauté seule de la mesure en provoquait la réprobation; l'indécence des calculs, la monstruosité des résultats (2), ses dangers enfin devaient la faire proscrire; elle a été rejetée.

Néanmoins tandis que la Chambre haute la refusait par des motifs puisés dans les simples

---

(1) *Voyez* section 9, page 76.

(2) 33 Millions pour les banquiers! L'existence annuelle de 1800 familles!!!

notions de la justice, de la probité, de la morale, puisés dans les mouvemens de sa propre conscience, comme dans le fondement du crédit et de la tranquillité publics, on sembla trop généralement admettre le principe invoqué et en apparence consacré par la loi,

Que « *la rente* (des rentiers) *est essentielle-* » *ment rachetable.* »

Assurée de l'efficacité des armes avec lesquelles elle attaqua et renversa le projet, la Chambre ne songea pas à vérifier si le texte cité, était applicable à la rente dont il s'agit, celle vendue par le Gouvernement et connue sous la qualification remarquable *de 5 pour* 100 *consolidés.*

Je démontrerai bientôt que cette disposition presque isolément présentée, avec intention, se lie à celles qui la précèdent et à celles qui la suivent; qu'elle ne peut en être séparée, et qu'aucune d'elles n'est, sous quelque rapport que ce soit, applicable à notre *cinq pour* 100 *consolidés.*

PREMIÈRE SECTION.

Qu'est-ce que l'opération des rentes?

Qu'est donc en effet l'opération qui fait passer la rente dans les mains des rentiers?

Est-ce un emprunt? Non.

Et pourtant c'est ce que prétendent et soutiennent de toute la force de leur logique, le ministère et ses partisans, trouvant dans une pareille proposition, si elle était accueillie, le moyen de justifier et d'appuyer par un texte de loi imposant, la mesure projetée.

Est-ce une vente? Oui.

Et néanmoins c'est ce que les ministres et leurs échos, qui n'en doutent pas, se sont bien gardés de laisser apercevoir.

Et, chose faite pour surprendre, c'est ce que les orateurs, je ne dis pas seulement tous ceux qui ont si loyalement combattu le projet et défendu si victorieusement la fortune particulière et le crédit public, mais en particulier les jurisconsultes éclairés et nombreux qui se trouvent dans les deux chambres, semblent n'avoir pas aperçu.

Entraînés sans doute par l'indignation que leur inspiraient la combinaison, l'intention, les conséquences, et que vient encore justifier la reproduction du système, ils ont négligé les moyens que la loi même invoquée, leur fournissait, et à l'aide desquels ils pouvaient non moins avantageusement faire répudier la sinistre proposition du ministère.

Laissant donc à tant d'écrivains et d'orateurs, qui s'en acquittent si bien, le soin de défendre, sous tous les autres rapports, la morale et le crédit publics, je vais m'attacher exclusivement, dans cette première partie de mon travail, à démontrer que les expressions, si ingénieusement empruntées au Code civil, ne sont point applicables à notre rente ;

Et que si, dans la discussion, il faut s'autoriser de certaines dispositions de la loi, c'est dans le titre relatif au contrat *de vente*, et non dans celui relatif *aux emprunts*, *au prêt* qu'il faut aller chercher les raisons de décider.

Alors il sera facile d'apercevoir qu'on s'est trompé ou qu'on a voulu tromper.

D'après la reproduction obstinée du projet, l'un serait plus présumable que l'autre.

Et si sur ce point on me demande ce que j'en pense, je répondrai que je m'en rapporte au ministère lui-même : non pas au ministère à la tribune, mais au ministère dans le secret du cabinet.

Voyons donc si c'est un emprunt qui a eu lieu entre le gouvernement et les rentiers.

J'ai dit non ; je vais établir *cette proposition négative.*

DEUXIÈME SECTION.

L'opération des rentes n'est pas un emprunt.

Qu'est-ce qu'un emprunt, et à quels caractères le reconnaît-on ?

Un emprunt suppose un prêt, sans lequel il n'existerait pas.

C'est donc dans le livre III, titre 10, du Code civil, intitulé : DU PRÊT, que l'on doit chercher, et qu'en effet l'on trouve la définition de *l'emprunt*, qui, espèce de contrat synallagmatique, se compose d'obligations et d'*avantages* respectifs entre les contractans.

Il y en a de deux sortes :

Art. 1874. « Le prêt à usage ou commodat. »
Ce n'est pas celui dont il s'agit.

« Et le prêt de consommation, » dans l'ensemble duquel se trouvent les dispositions relatives au prêt à intérêt, et où le ministère a

été puiser le passage qui lui semble tout par_
ticulièrement protéger son système.

Art. 1892. « Le prêt de consommation est
» un contrat par lequel l'une des parties livre
» à l'autre une certaine quantité de choses qui
» se consomment par l'usage, à la charge par
» cette dernière de lui en rendre autant, et
» de même espèce et qualité.

» On peut (art. 1909) stipuler un intérêt,
» moyennant un capital que le prêteur s'in-
» terdit d'exiger (1).

» Dans ce cas, le prêt prend le nom de
» constitution de rente, »

Qui n'est pas assurément notre 5 pour 100
consolidés, ainsi qu'on le verra bientôt.

Art. 1910. « Cette rente peut être constituée
» en *perpétuel* et en *viager*. »

Art. 1911. « *La rente perpétuelle est essen-*
» *tiellement rachetable; les parties* peuvent
» seulement convenir que le rachat ne sera
» pas fait avant un délai qui ne pourra excé-
» der dix ans, ou sans avoir averti le créancier
» au terme d'avance qu'elles auront déter-
» miné. »

Enfin, art. 1912. « Le débiteur d'une rente

---

(1) Bien entendu avant le terme fixé pour sa restitution.

» constituée en perpétuelle peut *être contraint*
» *au rachat :*

» 1°. S'il cesse de *remplir ses obligations*
» pendant deux années ;

» 2°. S'il manque à fournir au porteur les
» *sûretés promises par le contrat.* »

Ainsi, caractère distinctif de l'emprunt :
Chose prêtée restituable en même espèce,
qualité et quantité.

Si la chose prêtée et empruntée est un capital que le prêteur s'interdit d'exiger, alors
intérêts payés que la loi qualifie, *rente perpétuelle essentiellement rachetable* à la vé-
vérité, mais sous des conditions très remar-
quables, spécifiques, caractéristiques, et qui
distinguent parfaitement un prêt, *un emprunt*
et la nature de rente qui en provient, d'avec
notre rente à 5 pour 100 consolidés, et l'opération qui en rend le rentier propriétaire,
lesquelles ne sont ni *l'emprunt* ni la *rente perpétuelle* dont le Code règle et détermine les
conditions et l'exécution.

Ces conditions, on les retrace, sont le remboursement dans un délai qui ne peut excéder
dix ans. (Art. 1911.)

De fournir des sûretés stipulées au contrat.

Enfin de rembourser, s'il cesse (le débiteur)
de remplir ses obligations pendant deux ans,

et s'il manque de fournir les sûretés *promises par le contrat.*

En conscience, trouve-t-on toutes ces stipulations caractéristiques de l'emprunt, dans les opérations, les achats et ventes de rentes ?

Il est trop évident que par la nature de ses dispositions la loi n'a été instituée que pour régler exclusivement les intérêts particuliers dans leurs transactions privées;

Que, sous aucun rapport, elle ne peut s'appliquer à l'opération de rentes qui s'établit entre l'État et les citoyens (1) ;

Que jamais, dans une opération de rentes, on n'a songé et l'on ne songera à faire intervenir soit par écrit, soit tacitement, des stipulations de la nature de celles expliquées dans la loi, et cela par la raison que l'État ici n'emprunte pas, que le rentier ne prête pas; qu'il y a aliénation définitive et sans retour, de la part du rentier, de son argent; de la part de l'État, de sa rente; et qu'ainsi il ne peut être question de remboursement, moins encore de réduction ;

Que la rente perpétuelle dont il s'agit au

---

(1) *Voyez* 5e. section , page 42.

Code est une rente dont le capital *prêté* n'est pas susceptible d'augmenter ou de baisser, parce qu'elle n'est pas dans le commerce, ni exposée aux chances de hausse ou de baisse, tandis que notre rente, notre 5 pour 100 consolidés, est une dette contractée à toujours, résultat d'*un contrat de vente* dont, sous ce rapport, le prix augmente ou baisse journellement, comme celui de toute autre marchandise, et qui paraît n'avoir pris le nom de rente que parce qu'on n'a pas trouvé d'expression plus commode, et qu'elle se livre par portions annuelles, comme des intérêts, un revenu ;

Que cette rente (du Code), essentiellement rachetable (on aurait dû dire remboursable, puisqu'il s'agit d'une chose *empruntée*, *prêtée*); que cette rente, dis-je, se trouve, d'après le vœu de la loi, garantie par des gages, des hypothèques, des sûretés enfin de nature à tranquilliser le prêteur ; argument qui ressort visiblement de cet article 1912 : « Le débiteur
» d'une rente constituée en perpétuelle peut
» être contraint au rachat (remboursement)
» *s'il cesse* de remplir ses obligations pendant
» deux ans; s'il manque à fournir au *prêteur*
» (le mot est *textuel*) les *sûretés promises*
» *par le contrat.* »

Or, l'Etat prend-il envers le rentier de semblables obligations ? stipule-t-il des termes de remboursement ? donne-t-il, promet-il des sûretés, des garanties ? en présente-t-il d'autres que la confiance qu'il inspire ?

Comment donc pourrait-il être contraint au remboursement, quand le ministère proclame lui-même hautement qu'*il n'y peut jamais être contraint* ? Déclaration qui détruit sans discussion toute supposition d'emprunt, puisque, d'après la loi, alors le Gouvernement serait soumis au remboursement comme tous les particuliers en pareil cas (1).

Cependant la partie devrait être égale.

Si l'Etat prétend avoir le droit de rompre, de détruire le contrat, de le modifier à son gré et à son seul avantage, le rentier devrait l'avoir également, et pouvoir réclamer aussi son remboursement selon son besoin.

Et pourtant il ne l'a pas. Pourquoi ? parce qu'il ne peut reprendre ce qu'il a une fois abandonné, son argent, le prix de l'acquisition.

Mais aussi le Gouvernement ne l'a pas non plus ce droit de reprendre la chose livrée,

______

(1) *Voyez* 9e. section, page 72.

aliénée, d'en rembourser le prix à son gré. Pourquoi encore ? parce qu'il ne s'agit pas d'un emprunt fait par lui, mais d'un objet cédé, vendu, aliéné sans retour et qu'alors il ne peut être admis à l'application de cette disposition de la loi : *la rente perpétuelle est essentiellement rachetable*, applicable seulement à la rente résultant d'un prêt, d'un emprunt (1).

Si le ministère pouvait avec raison invoquer cette disposition en faveur de son projet, sous le prétexte que notre rente est le résultat

---

(1) Dans quelle loi, a dit le noble pair rapporteur à la chambre haute, dans quel édit ancien ou moderne trouverez-vous que le Roi ou la nation aient pris l'engagement de servir des intérêts éternellement ?

Cette question, espèce d'aveu que le remboursement du cinq consolidé n'est autorisé par aucune loi, était plus adroite que les assertions affirmatives du ministère.

On pouvait rétorquer l'argument : Dans quelle loi trouverez-vous que le rentier ait pris l'obligation de ne pas l'exiger ?

Mais on peut répondre : La loi que vous demandez est dans la nature, dans l'essence, dans les conditions du contrat de vente, tracées par le Code civil ; elle est dans l'expression *perpétuelle*, dans la loi et les motifs du 21 floréal an 10 ; elle est dans la définition des mots sacramentels *cinq pour cent consolidés*, si étrangement interprétés par le ministre dans son exposé des motifs du projet de loi.

d'un emprunt, pourquoi alors ne s'emparerait-il pas des art. 1902 et suivans, et n'opérerait-il pas le remboursement en conséquence de ces divers articles?

Protégé par leurs dispositions, le ministère n'aurait à proposer que le remboursement de la somme par lui reçue, au lieu du pair nominal augmenté d'un tiers, cómme il le propose (1).

Il en aurait le droit sans qu'on pût raisonnablement le lui contester, puisqu'alors il s'agirait du remboursement *d'un emprunt*, d'un capital remboursable, d'une rente enfin rachetable d'après le vœu de la loi?

Mais faire une pareille proposition, c'était livrer les dispositions du Code à une discussion réfléchie et qui rendait le projet bien plus aventureux. Elle aurait fait apprécier le mérite de l'application, qui n'eût certainement pas soutenu l'examen. On se serait reporté aux dispositions de la loi vraiment applicables à la question, et le système eût

---

(1) Ce travail avait été commencé l'année dernière, deux jours avant le rejet de la loi. L'auteur, invité à le reprendre, n'a pas le temps, qui le presse, de le refondre en entier ; mais ces passages ne pouvant nuire à l'ensemble, ils sont restés.

été rejeté, renversé sans reproduction possible.

Le ministère, trop bien avisé pour élever une prétention qui pouvait, par son appréciation, engendrer tout d'abord la ruine de ses combinaisons financières, a trouvé suffisant de s'emparer de la disposition qui lui sert aujourd'hui d'égide.

Sa craintive retenue sur ce point est une nouvelle preuve que dans notre procès avec lui, il ne s'agit point de prêt ou d'emprunt; car autrement il ne négligerait pas des dispositions qui lui seraient aussi favorables.

Si le contrat qui rend les particuliers propriétaires de la rente, du 5 pour 100 consolidé, n'est point un contrat de prêt, un emprunt,

C'est donc une vente?

J'ai avancé l'affirmative; je vais tâcher de la justifier.

TROISIÈME SECTION.

L'opération des rentes est une vente.

La vente est une convention, un traité, un contrat synallagmatique, par lequel le propriétaire d'un chose en transmet la propriété à un autre, et doit en assurer la possession et jouissance à l'acquéreur.

C'est la cession irrévocable en faveur d'un autre, contre le paiement du prix convenu de la part de celui-ci, d'un objet mobilier ou immobilier, qui, ainsi, peut passer de main en main, de possesseur en possesseur, à chaque instant, une fois, dix fois, vingt fois par an, par mois, par jour.

Cette convention, cette cession *saisit* définitivement l'acquéreur et *dessaisit* définitivement le vendeur, après l'exécution remplie des obligations respectives des parties, le paiement par l'acquéreur, la délivrance par le vendeur.

Une fois la vente complétée par le paiement et la délivrance, la propriété de l'acquéreur est irrévocable; la chose, ainsi cédée, transportée, aliénée et payée, ne peut redevenir la propriété du vendeur que par une nouvelle vente, résultat nécessaire de la volonté, du consentement des deux parties.

Eh bien! qui peut contester que dans l'opération des rentes, on ne rencontre tous les élémens, tous les caractères qui constituent ce contrat qui investit à jamais et sans retour le vendeur du prix payé, l'acquéreur de la chose vendue, livrée.

Ici, l'objet vendu, livré, payé, n'est-ce pas la rente?

Et par qui vendue? Tantôt par le Gouvernement lui-même qui en fait journellement trafic, et peut ainsi la faire hausser ou baisser à-peu-près à son gré; mais le plus souvent par ceux qui en sont devenus acquéreurs, propriétaires, depuis qu'originairement vendue par l'État, elle a dès-lors cessé d'être sa chose, pour devenir celle de tous les particuliers acheteurs.

Lorsque j'ai traité avec le particulier, souvent centième sous-acquéreur de la rente à moi cédée , vendue , il a contracté par cela même envers moi l'obligation de me faire jouir, à tout jamais, sans trouble ni retour, de cette marchandise , de cette rente par moi acquise.

Sans doute , ce dernier vendeur ne s'est pas rendu garant des faits du Gouvernement ; il ne peut répondre des actes de la force, de la puissance , pas plus que l'invasion , du pillage , etc.

Mais, hors ce cas de force majeure , il m'a garanti, par le fait même de la convention , la jouissance continuelle et inviolable de la chose vendue, comme je l'ai investi irrévocablement et à tout jamais, non-seulement de mon argent , mais de tous les fruits et avantages qu'il en pourrait retirer,

Ainsi , sans un acte de force, de puissance, de violence, on ne peut pas plus me priver de la jouissance continue et sans trouble de tout ou de partie de la rente par moi achetée, qu'on ne pourrait me priver de tout ou partie d'un meuble, d'une maison, d'un champ, dont un contrat de vente m'aurait rendu proprietaire,

Sans contestation raisonnable , c'est une vente qui a lieu entre le Gouvernement et moi, ou entre moi et celui qui s'en trouvait alors propriétaire.

Justifions maintenant nos explications par les dispositions du Code civil, dont le ministère a emprunté un passage si peu applicable à notre affaire pour se donner, sous une apparence légale, le droit d'amputer brutalement une partie non malade de mon revenu.

Art. 1582. « La vente est une convention » par laquelle l'un s'oblige à livrer une chose, » et l'autre à la payer. »

Art. 1583. « Elle est parfaite entre les parties, et la *propriété* en est acquise de droit » à l'acheteur à l'égard du vendeur, dès qu'on » est convenu de la chose et du prix, quoique » la chose n'ait pas été livrée, ni le prix » payé. »

Ai-je besoin de faire ressortir ici l'application de chacun des mots de la loi à l'opération qui s'est faite lors de mon acquisition entre le vendeur et moi, par l'intervention de l'officier public, obligé en pareil cas ?

Il est évident que le contrat de vente apparaît dans cette opération avec tous ses élémens, toutes ses combinaisons ; la chose vendue et livrée; le prix stipulé et payé; la propriété acquise à l'acheteur, et de plus ici la possession, la jouissance, qui consacrent encore davantage cette vente, cette aliénation contre laquelle le vendeur ne peut jamais revenir, ainsi dépossédé de sa propriété.

La rente pouvait-elle être vendue?

L'article 529 du Code civil la déclare meuble, et l'article 1598 s'explique ainsi : « Tout » ce qui est dans le commerce peut être vendu » (conséquemment acheté), lorsque des lois » particulières n'en ont pas prohibé l'alié- » nation. »

La rente a donc pu être, comme en effet elle l'a été, l'objet d'une vente entre le propriétaire et l'acquéreur.

Peut-on en douter, lorsqu'il s'agit d'un objet pour lequel le propriétaire originaire, le gouvernement, a institué un marché public, des crieurs spéciaux, la bourse et les agens de change.

C'est donc par le seul besoin que l'on avait de justifier une mesure que rien ne peut justifier, que, négligeant le texte de loi qui contrariait ouvertement et énergiquement cette mesure vraiment déloyale et si dangereuse dans ses conséquences, le ministère s'est abandonné aveuglément aux dispositions dont nous combattons l'application maléficieuse, et cela trop malheureusement dans la seule intention d'a-

buser les esprits inattentifs, et d'arriver à donner à la vente d'une rente la physionomie d'un
emprunt, avec lequel elle n'a visiblement aucun rapport, aucune analogie (1).

Et l'on avait grandement raison, pour donner le change, de fasciner ainsi les esprits, car
si, comme on le devait, on eût appliqué aux
opérations de rente les dispositions du contrat
de vente, les seules qui soient applicables à ces
opérations, les obligations qui résultent de ce
contrat contre le vendeur de la rente, refou-
laient le système dans le fond des ateliers ministériels, d'où il n'aurait jamais dû s'échapper.

En effet, on trouvait dans les dispositions
du même Code civil ce texte réprobateur de la
mesure :

« Le vendeur a deux obligations principales
» à remplir; celle de livrer, et celle de garantir
» *la chose qu'il vend.* »

Or on a vendu une rente; le dernier vendeur
n'en peut livrer que le titre, *l'inscription*, par
le mode adopté.

Mais le Gouvernement, vendeur originaire,
sur lequel refluent toutes les obligations du
dernier vendeur, doit non-seulement payer,

____

(1) *Voyez* 9e. section, page 74.

livrer la rente, mais en garantir la jouissance
continue, comme il serait obligé de garantir la
jouissance d'un bien, d'une terre qu'il m'aurait vendue, et qui ne pourrait périr dans mes
mains, en tout ou partie, que par des causes
que j'ai signalées plus haut, mais dont assurément aucun gouvernement ne peut se félici-
ter; la force, la puissance, la violence, l'arbitraire n'étant pas admissibles comme droit.

Apparemment qu'on ne voudra pas nous
persuader qu'il s'agit ici d'un objet d'utilité
publique, surtout dans l'état de prospérité où
nous proclame chaque jour le ministère (1), et
qu'appauvrir les uns pour désintéresser les autres, et même pour augmenter les richesses de
spéculateurs déjà gorgés de nos dépouilles,
doive être aussi considéré comme une chose
d'absolue nécessité.

Ce ne serait plus qu'une amère plaisanterie,
qu'une outrageante dérision, que les ministres
d'un Roi paternel comme le nôtre ne se per-
mettraient pas, parce qu'elle serait intolérable.

Si la dette du gouvernement était le résultat
d'un emprunt, était cette rente gouvernée par
le code civil; si la disposition invoquée par le

---

(1) *Voyez* 9°. section, page 81.

ministère était applicable aux 5 pour 100 consolidés, à notre rente enfin ;

D'une part, il y en aurait beaucoup moins, et alors on ne songerait pas sans doute à un remboursement ;

D'autre part, on ne proposerait pas de rembourser le capital nominal, augmenté du tiers en sus, mais seulement du capital payé (1).

La loi autorisant alors, sans discussion possible (2), le simple remboursement de la somme avancée, prêtée, le ministère le proposerait, le ferait, sans environner son opération de toutes ces précautions artificieuses et décevantes, à l'aide desquelles il s'efforce de dissimuler ce que son projet a d'injuste, d'illégal, d'impolitique, et qui ne servent qu'à prouver qu'il n'a pas le droit de rembourser, que la loi ne le lui attribue pas.

Si la loi le lui donnait, il ne dorerait pas la pilule avec autant de soin. Il userait franchement et sans détour de ce droit qui ne pourrait être mis un moment en question.

Mais parce que le rentier est plein de confiance dans la loyauté du gouvernement, dans la solidité de ses engagemens, dans leur fidèle

____

(1) Voyez la note de la page 19.
(2) Art. 1902 du Code civil.

et entière exécution, seules garanties de leur inviolabilité ;

Parce que le contrat qui intervient entre lui et l'État n'est point un prêt, un emprunt susceptible de remboursement ou de réduction à volonté ;

Parce que le contrat qui s'établit entre le rentier et le gouvernement, est une vente dont les conditions légales ne permettent pas plus à celui-ci de contraindre le rentier à recevoir son remboursement, qu'au rentier d'y contraindre le gouvernement ;

Parce qu'une réduction, un remboursement forcé, quelque dénomination fastueuse qu'on leur donne, de quel que physionomie trompeuse qu'on les pare, de quelques prestiges qu'on les environne, quels que soient les artifices à l'aide desquels on s'efforce de les dissimuler, ne sont toujours qu'une honteuse banqueroute ;

Parce qu'enfin la banqueroute, moyen odieux de faire ressource, de s'enrichir en se déshonorant, est pour le rentier l'événement qu'il a le moins à craindre de la part du gouvernement ;

Par toutes ces raisons, il y a beaucoup de rentes et de rentiers.

Mais par toutes ces raisons aussi, cette na-

tme de convention, cette vente qui a lieu entre le gouvernement et le rentier, ne peut jamais être exposée à l'application des dispositions du code civil, relatives aux prêts, aux emprunts, à tout ce qu'il désigne sous la dénomination de rente *perpétuelle* et qu'il soumet sous cette qualification à la possibilité du rachat ou plutôt du remboursement.

Enfin, la caisse d'amortissement, moyen ingénieux, moyen simple, mais puissant et sûr, moyen loyal surtout pour opérer le rétirement des rentes;

Sans violer aucun engagement, aucun traité, aucun contrat;

Sans provoquer la déconsidération sur le gouvernement;

Sans courir le risque de dépopulariser les bons Rois, de leur faire perdre l'amour des peuples, que notre excellent Charles X, à l'entrée en son règne, attire à lui avec la confusion de toutes les opinions, comme par enchantement;

Sans ébranler la fortune et la tranquillité des familles;

Sans les livrer au besoin, à la fureur de l'agiotage;

Sans soulever, sans froisser avec passion,

avec orgueil, avec dureté tous les amours-propres, tous les intérêts ;

Sans attaquer principalement la classe la moins aisée, la plus tranquille, la plus confiante, la plus dévouée au trône, à la monarchie, la classe des rentiers enfin, qui, en souffrant constamment toutes les bourrasques de l'autorité, durant nos longues afflictions, au milieu de toutes les calamités amenées par les événemens dont elle a toujours été la victime, n'a cessé de crier : Vive le Roi (1)!

La caisse d'amortissement, dis-je, n'est-elle pas la preuve irréfragable que les cinq pour cent consolidés ne sont point remboursables, ne sont point réductibles ; que le gouvernement, soumis à la loi civile, comme les par-

---

(1) « La confiscation fut odieuse, mais la banqueroute ne le fut pas moins. La banqueroute et la confiscation sont deux plaies qu'il faut en même temps cicatriser... Je ne préjuge pas la loi, Messieurs ; mais son système a paru s'étendre sur toutes les plaies de la révolution. Les plaies des rentiers sont encore ouvertes, ils n'ont pas reçu le baume qui a déjà été versé sur beaucoup d'autres plaies ; les rentiers ont vu leur vie et leurs propriétés menacées, et cependant c'est aux rentiers qu'on veut faire payer l'indemnité. »

(Disc. de M. B. Constant, séance du 26 janvier.
Quotid. du 27.)

ticuliers, dans ses transactions analogues aux leurs, n'a pas le droit de faire disparaître, de retirer les consolidés, autrement que par cette voie (1) ?

Il est assez digne de remarque que ce soit une des volontés les plus intraitables, les plus inflexibles que l'on puisse citer, qui, convaincue que la rente, ramenée dans les vrais termes du contrat, ne pouvait être loyalement remboursable ou réductible à la volonté du gouvernement ou d'un ministre, ait cru devoir confirmer et consolider par toutes les formes, par toutes les forces de la loi, une institution aussi simple qu'elle est sûre dans ses résultats, *la caisse d'amortissement*, dont l'existence seule suffit pour faire rejeter la mesure hostile du ministère (2).

---

(1) *Voyez* 9e. section, page 72.
(2) *Voyez* 6e. section, page 46.

QUATRIÈME SECTION.

Qu'est-ce que la Rente ?

Et, de bonne foi, qu'est-ce donc en effet que la rente mise en vente par le gouvernement ?

C'est une marchandise d'une nature toute particulière, sans doute;

Mais la nature toute particulière de cette marchandise que l'on est convenu d'appeler rente n'est, pas plus que tout autre marchandise, susceptible de donner au vendeur, au vendeur tout seul, au mépris de tous les principes de la justice, de la probité, de la morale, de la conscience, du droit enfin, la faculté irritante et insupportable d'altérer, de détruire le contrat lorsqu'il lui plaît, quand l'acheteur ne l'a pas, et qu'on ne le tolèrerait pas dans la personne de ce dernier.

On n'a jamais dit, on ne peut jamais avoir le droit sauvage de dire à l'acheteur d'une chose quelconque : Rendez - moi ce que je vous ai vendu, abandonné, aliéné; je veux vous en restituer le prix ; je le veux, parce que je le veux; *quia nominor leo.*

Je ne connais que les Turcs ou les Algonquins, chez lesquels un pareil droit pourrait s'introduire. C'est le droit du plus fort.

La loi, en introduisant les rentes dans le commerce, les a exposées à subir sur la place toutes les variations de prix auxquelles se trouve livrée toute espèce de denrées sur le marché public.

Dans cet état de choses, la rente étalée sur le carreau, à la halle aux rentes où sont attirés les acheteurs, s'y vend, comme aux autres halles une pièce de draps, de toile, un baril de riz, un tonneau de sucre, un boucaud de café.

Et la vente qui s'en opère à prix défendu, ne peut, sous aucun rapport, d'après aucun principe, sous l'empire des dispositions d'aucune loi, être considérée comme un *emprunt* susceptible de remboursement; surtout à la seule volonté du vendeur.

Pour étayer son projet de remboursement,

le ministère emprunté ses dogmes, ses doctrines au code civil (1);

Il assimile la rente du code, à la rente du gouvernement, aux 5 pour 100 consolidés, à cause de la dénomination de *rente perpétuelle* qui se trouve au code, et dont on a qualifié aussi, par abus, la marchandise du gouvernement vendue sous le nom *de rente.*

Mais, d'après les explications que nous avons données, le code repousse cette assimilation.

Dans le code, *rente perpétuelle* signifie intérêt annuel d'une somme prêtée, sous des conditions, sous des obligations, sous des garanties, à défaut desquelles celui à qui elle est prêtée, est exposé au remboursement avant l'expiration *du terme* fixé; elle est le résultat d'un emprunt, dont l'exécution répose sur des sûretés obligées, tandis que l'obligation de l'État ne présente d'autres garanties, d'autres sûretés que la confiance qu'il peut inspirer, mais que le fatal projet du ministère a le triste mérite d'altérer, d'ébranler de la manière la plus inquiétante et la plus fâcheuse.

---

(1) *Voyez* 9e. section, page 74.

3..

Notre 5 pour 100 consolidé, au contraire, est une marchandise vendue par l'État, sans stipulation de remboursement, de sûretés, de garanties pour la fournir perpétuellement par portions convenues, mais qu'il ne lui est pas permis de réduire, de rogner à sa volonté.

La marchandise, le 5 pour 100 consolidé improprement appelé rente, parce qu'il se paye annuellement comme un revenu, n'a que cette dénomination et son mode de livraison d'analogues avec la rente perpétuelle du code civil.

Mais le nom, non plus que le mode de livraison, ne font rien à la chose.

Combien d'objets portant la même dénomination n'ont entr'eux aucun rapport, aucune analogie! Ouvrez le dictionnaire, et vous en serez convaincus.

Malgré la qualification de rente, le 5 pour 100 consolidé n'est autre chose, encore une fois, qu'une marchandise vendue sur la place, dans le marché public, à la halle aux rentes.

Aucunes marchandises ne se ressemblent; elles ont toutes leurs formes, leur nature, leurs propriétés, leurs avantages particuliers. Du sucre ne ressemble pas à du café, du café à du tabac, une maison à une terre, à un bois, à un pré.

Mais la nature, la forme, la propriété de chacune d'elles, le prix d'acquisition plus ou moins élevé, ses avantages dans l'usage, les chances de hausse ou de baisse, son mode de livraison, sa dénomination, sa durée, n'influent en rien sur le contrat, sur ses conséquences, sur son exécution, qui doit rester inviolable et être perpétuellement respectée.

On n'attaquait autrefois la rente qu'en dépouillant violemment, arbitrairement le rentier de tout ou partie de sa chose, que par voie de banqueroute enfin.

Je n'entends pas en supposer l'intention au ministère; mais à son train d'aller et de faire, on pourrait croire qu'il en a furieusement la démangeaison.

On peut comparer la rente au revenu d'une terre : elle était autrefois considérée comme immeuble, et, sous ce point de vue, *les rentiers auraient peut-être le droit de réclamer des indemnités comme les émigrés dépouillés.*

Je ne veux pas soulever cette question délicate; mais l'expression CONSOLIDÉ détermine parfaitement la nature de cette espèce de propriété, et consacre surtout l'*inviolabilité* du contrat qui la fait passer en la possession du rentier (1).

----

(1) *Voyez* 9ᵉ. section, page 67.

Et une loi faite exprès pour attaquer un contrat de bonne foi, fait sous la protection de lois préexistantes, est une espèce de monstruosité, la loi ne pouvant avoir d'effet rétroactif.

Mais, a-t-on dit, le Gouvernement doit donc rester toujours débiteur malgré lui?

Je réponds : Oui, tant qu'il ne trouvera pas d'autre moyen qu'une banqueroute pour se libérer.

Il peut retirer sa rente, à l'instar des négocians qui retirent aussi leurs effets négociés, en la rachetant sur la place, comme elle y a été vendue, à quelque prix qu'elle s'y trouve. Lui aussi peut faire des sacrifices; il en a les moyens plus que les rentiers.

Et ces moyens, d'ailleurs, il les trouve dans la Caisse d'amortissement, instituée spécialement, exclusivement pour les lui procurer (1).

Je le répète, ma rente est comme la jouissance d'une terre, d'une maison;

Les revenus que j'en retire sont perpétuels, c'est-à-dire qu'ils dureront et doivent durer tant que dureront la maison, la terre;

____

(1) *Voyez* 8e. section, page 62.

Tant que durera la rente, tant qu'elle ne périra pas, c'est-à-dire tant que vous serez solvables, tant qu'il ne vous viendra pas dans l'idée de faire honteusement banqueroute, ma rente (mon 5 pour 100 consolidé) doit m'être livrée.

Avec l'argent que j'ai donné en paiement de mon 5 pour 100 *consolidé*, j'aurais pu acquérir toute espèce de propriété qui m'aurait donné le même revenu, et souvent plus considérable.

Je ne sais ce que l'État a fait de mon argent ; mais cet argent est censé, à mes yeux, lui avoir fourni les moyens de s'assurer une espèce de propriété ou de revenu qui doit le mettre à même de me payer, de me livrer annuellement la portion convenue, et que je me serais assurée par la propriété que j'aurais pu acquérir moi-même avec mon argent (1).

On sait que les occasions n'ont pas manqué depuis plusieurs années, et elles ne se présentent pas tous les jours.

En somme, la rente est une nature de marchandise comme un tonneau de sucre,

____

(1) *Voyez* 9ᵉ. section, page 78.

un boucaud de café, une pièce de drap, de la toile, un habit, un chapeau.

Il n'est pas, en droit, plus permis au vendeur de cette rente de me la réduire, de me la reprendre par des combinaisons franches ou tortueuses, qu'à moi de lui en reprendre le prix ou de lui en escamoter une portion; qu'il n'est permis à un marchand de me reprendre ou de me rogner ma pièce de drap, mon boucaud de café, surtout quand je les ai payés.

Je sais bien que cela peut se faire; mais alors c'est un vol dont j'ai le droit de me plaindre, et contre lequel je me fais rendre justice.

Apparemment que mon impuissance à l'égard du ministère ne lui donne pas le droit inique, révoltant, insupportable, de profiter de ma faiblesse et de sa force pour m'écraser du poids de ses volontés capricieuses et spoliatrices, et qu'il existe des lois que comme moi il doit respecter, à moins qu'il ne veuille, ce que je ne pense pas, nous faire oublier que nous vivons sous le gouvernement d'un Bourbon, et qu'ainsi nous avons des juges à .... Berlin.

DEUXIÈME PARTIE,

CINQUIÈME SECTION.

Sous l'ancien droit, les rentes n'étaient point remboursables.

Autrefois, d'après les jurisconsultes, les rentes constituées n'étaient point rachetables de leur nature. Le contrat de rente est une véritable vente. Le débiteur vend, et le créancier a le droit d'exiger une redevance annuelle.

Or la faculté de reméré n'a pas lieu de plein droit dans le contrat de vente; il faut qu'il y soit stipulé. Encore, dans ce cas, est-elle prescriptible après trente ans.

Dans l'ancienne jurisprudence, les cours refusaient aux débiteurs de la rente de se libérer par le remboursement des capitaux.

De nombreux arrêts attestent cette jurisprudence.

On convient que peu à peu ces principes se

sont effacés, que la faculté de rachat a été insensiblement considérée comme inhérente au contrat de rente.

Mais cette nouvelle jurisprudence, espèce d'innovation à laquelle le parlement de Paris, entr'autres, ne se prêtait que très difficilement et dans des cas particuliers, s'appliquait aux créanciers dont les rentes étaient toujours garanties par des sûretés, des hypothèques, des immeubles qui tranquillisaient les rentiers, ce qui faisait considérer les rentes comme provenant de véritables emprunts, et c'est sous ces rapports, avec cette jurisprudence, qu'ont été rédigés les articles 1909, 1910, 1911 et 1912 du code civil, renfermés au titre X du livre 3, intitulé *du Prêt* (1).

---

(1) L'art. 530 du Code civil porte aussi que la rente *constituée en perpétuelle est essentiellement rachetable*; mais le ministère ne s'en est pas appuyé, parce que trop visiblement l'ensemble de cette disposition ne pouvait servir le projet. La voici :

« Toute rente établie à perpétuité *pour le prix de la vente* » *d'un immeuble* ou comme condition de la cession à titre » onéreux ou gratuit *d'un fond immobilier*, est essentielle- » ment rachetable. »

Or, point d'immeuble vendu ni acheté par le gouvernement.

Ainsi, point d'application possible à notre affaire.

Mais ces deux dispositions spéciales de la loi, l'une (ar-

Ces principes, cette jurisprudence, n'ont jamais pu, ne peuvent raisonnablement pas s'appliquer à la rente (des rentiers), à la dette du gouvernement, connue aujourd'hui sous la dénomination *légale* de 5 pour 100 consolidés, espèce de valeur, d'engagement tout particulier, dont le prix, une fois payé, est inexigible, et à raison de quoi le gouvernement ne donne et n'a jamais fourni ni promis aucune des ces garanties, hypothèques ou sûretés que les particuliers se fournissent entre eux, ce qui applique à cette nature d'engagement une physionomie, un caractère, des effets, des conséquences tout différens.

C'est la perpétuité de la rente, son aliénation définitive, irrédimible, qui ont toujours déterminé l'acquisition de cette créance par le rentier, et le versement sans retour de son capital dans les mains de l'État.

---

ticle 53o) relative à la rente provenant de la vente d'un immeuble; l'autre (art. 1911) relative à la rente provenant d'un emprunt, sont la preuve, par leur spécialité, que ni l'une ni l'autre ne sont, dans l'intention du législateur, applicables aux cinq pour cent consolidés, dont la destinée a paru, lors de la confection du Code, nécessairement et irrévocablement fixée par les motifs et les dispositions de la loi du 21 floréal an 10.

En remontant aux anciens principes, en ramenant la rente, l'obligation du gouvernement à la pureté primordiale des conventions, elles ne seraient donc point favorables au projet du ministère.

Mais on ne croit pas, à l'occasion de 5 pour 100 consolidés, devoir s'enfoncer dans la recherche de l'ancien droit, de l'ancienne législation, relatifs aux rentes. Il faudrait se livrer à un long étalage d'érudition qui ne paraît pas nécessaire et qui ne pourrait que très difficilement s'appliquer, quant aux principes, à notre 5 pour 100 consolidés, dont le régime se trouve aujourd'hui renfermé, circonscrit dans les conditions du contrat de vente, les motifs et les dispositions de la loi du 21 floréal an 10, dont nous allons parler.

SIXIÈME SECTION.

Loi du 21 floréal an 10 ; constitutive des cinq consolidés ; prohibitive du système.

Depuis 1749, des édits bursaux, sous le nom trompeur de remboursement de rentes, et qui faisaient violence à la sainteté des contrats, avaient été successivement rendus, et, véritables réductions ou banqueroutes, avaient notablement attaqué la fortune des rentiers, altéré, flétri le crédit public.

La révolution et toutes ses lois spoliatrices et incohérentes ne l'avaient certainement pas remontée.

Les divers décrets rendus sur ou contre les rentes ; la loi du 13 septembre 1792 ordonnant la vente des rentes confisquées (1), la formation

___

(1). Les propriétaires de ces rentes ne devraient-ils pas être aussi indemnisés ?

(Cette note était faite avant la discussion sur l'art. 2 de la loi d'indemnité.)

du grand-livre en 1793; la loi du 9 vendémiaire an 6, qui retranche les deux tiers, etc., etc., avaient irrévocablement détruit toute confiance dans les engagemens du gouvernement.

On se rappelle à quel état d'avilissement était tombée la rente, à quel état de misère se sont trouvés réduits les rentiers.

Un ordre de choses moins violent succédant enfin à nos affreuses dissensions, on sentit que l'espèce de contrat qui attire l'argent des rentiers dans les coffres de l'État, moyennant une redevance annuelle, livrable à perpétuité, sortait de la classe des contrats de rente ordinaire entre particuliers ;

Que de même que le rentier abandonne son argent sans retour, qu'il traite sans garanties, sans sûretés autres que sa confiance dans le gouvernement, dans la fidèle exécution de ses engagemens ;

De même le gouvernement vend, aliène irrévocablement et sans retour sa rente, dont le service doit être continu et inviolable.

— Alors une volonté ferme, dont certes je n'entends pas préconiser tous les actes, mais dont quelques-uns pourraient bien servir de règle à notre ministère, se prononça; le gouvernement consulaire voulut, de toute la force de ses moyens, ranimer le crédit, rappeler la confiance, rendre enfin au gouvernement toutes ses ressources ; et la loi du 21 floréal an 10 fut rendue (1).

Que l'on veuille bien se pénétrer de ses dispositions, et d'après les motifs, les intentions, la volonté impérative de cette loi, tout le monde et les ministres eux-mêmes resteront convaincus que leur projet est injuste, illégal, impolitique et conséquemment improposable.

On apercevra, quelles qu'aient été l'ancienne jurisprudence sur les rentes et sa variabilité, que les ordonnances, les édits bursaux, et toutes les lois de ce genre, soit antérieures, soit postérieures à la révolution, se trouvent anéanties, abrogées par les motifs, les intentions de cette loi, ou fondues dans ses dispositions.

Notez que cette loi est antérieure à toutes les dispositions du Code civil, et que si cette dernière législation avait entendu s'occuper des 5 pour 100 consolidés, certainement elle s'en serait textuellement expliquée. Elle ne l'a pas fait, donc les dispositions qu'on lui em-

---

(1) On la trouve au Dépôt des lois, vis-à vis le Palais de Justice, pour 15 sous.

prunte en faveur de la mesure ministérielle, ne sont point applicables à la question.

Par cette loi de floréal an 10, le contrat de rente, ramené à son véritable caractère, devient inattaquable, *irrédimible*, inviolable;

Chacune de ses expressions semble être une arme préparée à l'avance pour la défense des rentiers contre les attaques, les invasions ministérielles, et prononcer la réprobation radicale du projet de loi.

En effet, comme ils sont énergiques, ses motifs !

« Cette définition (c'est le législateur qui » parle), cette *définition* (cinq pour cent » consolidés) est justifiée par le projet de » loi qui, en assurant les produits de la con- » tribution foncière au paiement des tuteurs » de la dette *perpétuelle*, en consacre la *con-* » *solidation* par une délégation *immuable*.

» Pour placer cette délégation hors des at- » teintes des circonstances et des *disposi-* » *tions contraires que pourrait faire le gou-* » *vernement*; pour lui accorder une juste pré- » férence et en assurer le paiement, indépen- » damment de tous autres emplois, il est sta- » tué que le crédit des ministres ne pourra » être soldé qu'après le paiement de cette » même délégation.

» L'individu qui confie sa fortune au gou-
» vernement compte sur deux choses, la sta-
» bilité de sa créance et le paiement exact
» des intérêts. Sa jouissance, l'ordre de ses af-
» faires, son existence, celle de sa famille,
» dépendent de cette exactitude.

» Le gouvernement s'est *convaincu* que la
» justice due aux créanciers de l'État, et le
» besoin d'affermir le crédit public, exigeaient
» des mesures promptes *pour rentrer* inces-
» samment envers eux, dans *les termes des*
» *contrats.* »

Ceci est clair, formel, positif. Or, les termes
des contrats, c'est l'inviolabilité, l'*irrédimi-*
bilité.

Les art. 1, 2, 3, 4 de la loi sont rédigés
en conséquence de ces motifs si imposans :

Art. 1er. « La partie de la dette publique
constituée en perpétuelle, *portera*, à l'avenir,
le nom de *cinq pour cent consolidés.* »

Art. 2. « Les produits de la contribution
foncière sont, jusqu'à due concurrence, spécialement affectés au paiement des cinq pour
cent *consolidés.* »

Art. 3. « La somme à prélever pour le paiement des cinq pour cent *consolidés*, forment

4

le premier article du budget de l'État. Le crédit des ministres ne peut être soldé qu'après
que ledit paiement est assuré, etc., etc. »

Motifs de la loi du 21 *floréal an X.*

Viennent ensuite les motifs de l'amortissement des cinq pour cent.

« Une dette dont le remboursement ne peut
» être exigé, tend à un accroissement que des
» besoins renaissans rendent presque inévi-
» tables. Cet accroissement n'a ordinairement
» de limites que celles du crédit. Parvenu à
» ce terme, le *gouvernement imprudent* qui
» a abusé du dangereux moyen des emprunts,
» voit le péril, mais trop tard ; *il est à jamais*
» *condamné* à supporter une charge acca-
» blante ; et si l'abus a été porté à l'extrême,
» il ne lui reste qu'une *ressource désastreuse*
» qui compromet *sa sûreté*, ruine sa répu-
» tation et jette les plus cruels désordres dans
» la société ; il ne peut plus se soustraire à la
» nécessité dont il s'est enveloppé, et ses créan-
» ciers..... *cessent d'être payés !*

» La loi doit donc constituer d'avance un
» *ordre de remboursement* mesuré de manière
» à ce que du moment où la dette s'élèvera

» au-dessus d'une somme déterminée, cet ex-
» cédent soit nécessairement et constamment
» amorti. »

Voilà qui culbute et pulvérise apparemment tous les raisonnemens ministériels relativé- ment à la Caisse d'amortissement.

La loi statue que 60 millions 5 pour 100 *consolidés* ne seront jamais *amortis*. Tout ce qui viendra excéder ces 60 millions, «'sera » *nécessairement et constamment l'objet de* » *l'amortissement..... »* dont voilà bien, je pense, l'application exclusivement détermi- née.

Comment donc vient-on aujourd'hui, et sous le manteau si respectable d'une mesure d'indemnité, qui semble n'en être que le pré- texte, proposer une opération qui, au mépris de la loi, tend au remboursement, disons mieux, à la réduction des 5 pour 100 con- solidés ?

Comment se hasarde-t-on à violer ainsi, non-seulement la sainteté du contrat, mais les dispositions sacramentelles de la loi, surtout en présence de ces graves et puissantes paroles du législateur ?

« On pourrait demander où se trouvent pla- » cées la garantie et la conservation de cet » ordre établi par la prudence ? Elles se trou-

» vent dans la *force de la loi* , dans les *dan-*
» *gers de sa violation*. Cette garantie se forti-
» fiera par le temps , par la conviction de son
» utilité , par le retour établi vers les princi-
» pes *les plus avoués* du crédit public. »

Si le ministère et les partisans ne s'arrêtent
pas devant ces grandes paroles , il faudra donc
le redire : La révolution a commencé la ruine
des rentiers , la restauration serait-elle venue
l'achever ?

SEPTIÈME SECTION.

Lois de 1763 ; loi de 1793 relative au Grand-Livre, invoquées mal à propos.

Pour justifier le remboursement, ou plutôt la réduction des 5 pour 100 consolidés, le Président du conseil des ministres a dit (1) :

Veut-on une preuve du droit que nous avons de rembourser ? Qu'on consulte les anciennes lois, les édits rendus pour les constitutions des rentes, les titres émis en vertu de ces édits, etc.; on y verra la réserve *à toujours* de cette faculté. Veut-on la demander aux

---

(1) Si nous entrons dans les explications suivantes, ce n'est pas que nous les jugions absolument nécessaires, mais c'est parce que les citations du ministère et de ses défenseurs ont été rares, et aussi pour démontrer plus complètement que les autorités qu'il a invoquées ne viennent point à son secours dans la discussion, et qu'elles n'y doivent pas faire fortune.

nouvelles lois ? Le Code civil l'a formellement consacrée.

M. le rapporteur, plus positif dans ses citations, a au moins rappelé nominativement quelques lois, l'édit d'avril 1763, la loi de 1793 relative au grand-livre de la dette publique, les articles 1911 et 1912 du Code civil, l'article 539 qui déclare les rentes meubles.

A l'égard des dispositions du Code civil, invoquées par le ministère et le rapporteur, la première partie de ce travail nous paraît y avoir suffisamment répondu.

Seulement je dois observer que si le Code civil avait voulu parler des 5 pour 100, il les aurait nominativement signalés par la qualification *légale* que leur avait assignée la loi importante du 21 floréal an X, qui a substitué au nom impropre *rente perpétuelle*, que portait cette valeur, celui de 5 *pour* 100 *consolidés*.

Son silence sur ce point justifie davantage notre prétention, que le Code civil n'est point applicable à cette dette, qui dès-lors a cessé d'être connue comme *rente perpétuelle* proprement dite.

Notez que le Code est postérieur à cette loi,

qu'on ne peut pas prétendre abrogée, puisque nos titres, les inscriptions, portent, en exécution de cette loi, le nom de 5 pour 100 consolidés.

Quant à l'édit d'avril 1763, il est bon de s'expliquer et de prouver que cet édit n'était applicable qu'aux rentes alors existantes, tant anciennes que créées par des édits postérieurs à 1749 ; qu'il est de circonstance, qu'il est spécial ; qu'il ne statue pas *ad futurum* ; que sa spécialité est la preuve que le droit de remboursement n'est pas inhérent au traité, au contrat qui fait passer les 5 pour 100 *consolidés* dans les mains du rentier.

Par l'édit de mai 1749, qui n'était déjà lui-même qu'une mesure de réduction, le gouvernement avait institué une Caisse d'amortissement ;

Elle devait exclusivement servir à amortir la dette publique. Les dépenses de la guerre, les embarras survenus par suite dans les finances, avaient paralysé les heureux effets qu'on devait attendre de cette Caisse. Loin d'avoir éteint des rentes, elles se trouvaient considérablement augmentées.

Divers édits de réduction, mais en même temps de création, car l'une n'allait jamais sans l'autre, avaient accru la surcharge de l'État.

Alors une mesure *toute spéciale* pour les rentes *existantes*, fut jugée nécessaire, et l'édit de 1763 parut.

Ce n'est pas une mesure de droit que cet édit ; c'est une mesure jugée de nécessité publique, urgente, résultat du désordre, du délabrement complet où se trouvaient les finances. (*Voy.* ci-après, page 58).

Cette mesure de remboursement n'était elle-même, comme les précédens édits, qu'une véritable réduction.

Par une déclaration de remboursement, qui ne s'effectuait jamais, on cessait de payer la rente ; on se reconnaissait débiteur du capital, qu'on promettait en effet de rembourser, mais qu'on ne remboursait point.

On créait alors de nouvelles rentes dans lesquelles la plupart de ceux qui avaient des remboursemens à recevoir, figuraient pour le capital de leurs rentes remboursables, et à raison de quoi, au lieu de ce capital, ils recevaient de ces nouvelles rentes à 4 ou à 3 pour 100, pour équivalent des premières, et ainsi la rente originaire se trouvait, sous le prétexte trompeur d'un remboursement, réduite ou rognée de un ou deux cinquièmes.

La preuve de ce fait se trouve clairement dans les articles 2 et 3 de cet édit, portant en substance :

« Que ceux qui justifieraient que les con-
» trats de rente par eux possédés ont *déjà*
» éprouvé des *réductions* (1), ou ceux qui les
» auraient payés la valeur entière des capitaux
» à 3 et à 4 pour 100, ou ceux qui enfin les
» auraient reçus en paiement de leurs créances
» sans avoir eu aucune compensation, ne
» seraient point liquidés ni soumis à un nou-
» veau remboursement. »

Ainsi cet édit cité est, comme on l'a annoncé, spécial, sans conséquence attributive du droit de remboursement, fait seulement pour la circonstance, signalant, comme les précédens et ceux qui l'ont suivi, un besoin urgent, une nécessité publique (2).

---

(1) Nécessairement par des mesures pareilles à cet édit de 1763, où ce mot *déjà* est la preuve qu'elles n'étaient toutes, comme lui, que des moyens de réduction.

(2) Je dis spécial, fait pour la circonstance et non *à tou-jours ;* en effet, voici le texte :

« Toutes les parties de rentes qui se *paient* sur nos aides et
» gabelles, qui se *paient* sur nos revenus, même celles qui
» s'acquittent actuellement à notre Caisse d'amortissement,
» seront remboursables et rachetables. »

Si l'édit eût disposé *ad futurum*, il aurait dit : Qui se paieat

C'est une mesure violente, consacrée seulement par le droit du plus fort ou par l'absolue
nécessité ; mais c'est une véritable suppression,

---

et se *paieront* ; mais il dit *actuellement*, et non *désormais*.

Il porte : *seront remboursables*, parce qu'il parle d'une
opération qui ne se fait pas encore, mais qui va, qui doit se
faire.

Dans toutes les autres dispositions, les verbes sont *au pré-
sent*.

Il est donc très évident que cet édit, loi de circonstance,
ne s'appliquait qu'aux rentes *existantes alors*.

Peut-on en douter : « En établissant une Caisse d'amortis-
» sement par notre édit de 1749, nous nous sommes proposé
» de pourvoir au remboursement des rentes, tant *anciennes*
» que nouvelles : *nouvelles* (c'est-à-dire celles créées depuis
» 1749). » Mais les dépenses de la guerre n'ont pas permis
d'éteindre les unes (les anciennes), et ont considérablement
augmenté les autres (les nouvelles). Est-ce clair ?

Certes il n'est pas question là de rentes qu'on pourra émettre
après l'édit ; mais seulement de celles existantes.

Il ajoute :

« La *liquidation* doit embrasser non-seulement les charges
nouvelles, mais les plus anciennes. « Est-ce clair encore ?
S'explique-t-on là *ad futurum* ? Le mot *liquidation* peut-il
s'appliquer à une dette non existante ?

Cet édit n'est donc point justificatif de la prétention au droit
de réduction ou de remboursement.

— Mais voyez comme le mal se fait facilement, puisqu'une

un retranchement de rente, une banqueroute enfin. .

C'est de ce nom que le public qualifiait tous ces édits quand ils paraissaient.

On se rappelle encore ceux de l'abbé Terray et les cris qu'ils faisaient alors jeter, parce que, sous ce pretexte usé de remboursement de rentes, on supprimait réellement chaque fois une portion de la rente.

, Or, aller chercher son droit de rembourse-ment dans des édits de banqueroute, n'est-ce pas une chose vraiment déplorable?

Le rappel qu'a fait M. le rapporteur de la loi des 15, 16, 17 et 24 août 1793, créatrice du grand-livre de la dette publique, ne paraît pas plus heureux.

On établissait un nouvel ordre pour le paie-ment des rentes; on régularisait leur liquida-tion; on annulait tous les anciens titres, les annuités, les bons au porteur, etc., etc. Toute la dette était remboursée par un titre uniforme, *une inscription* sur le grand-livre de la dette publique.

---

citation trompeuse, *en deux mots*, oblige à de si longues explications.

Au surplus, la loi de floréal an 10 a désormais, on le répète, écarté toutes les lois antérieures.

Les propriétaires de ces titres avaient la faculté de se faire inscrire sous le nom qui leur convenait.

Mais certains avaient des créanciers qui, au moyen d'une opposition, empêchaient l'inscription de s'établir, soit sous le nom du propriétaire en titre, soit sous le nom de la personne qu'il désignait.

On pouvait aussi s'opposer simplement au paiement des arrérages de la rente une fois inscrite.

L'opposition qui se formait à l'établissement de l'inscription, s'appelait opposition *au remboursement*, parce qu'en effet l'inscription était le remboursement lui-même.

L'opposition au paiement des arrérages s'appelait opposition *au paiement annuel* ; ainsi le prescrivait la loi pour la sûreté même des opposans.

Les articles seulement cités par le rapporteur, et sans doute à cause du mot *remboursement* qui s'y trouve, ne prouvent donc point le droit de remboursement invoqué en faveur du projet ministériel.

L'expression *remboursement* était le nom de l'opération qui se faisait; on formait le grand livre.

Il fallait bien employer ce mot *rembourse-*

ment, qui, dans le titre même de la loi (indicatif de l'opération qui avait lieu), se trouve traduit par ceux-ci : *ou l'inscription de la dette sur le grand-livre.*

Mais on n'y trouve rien, absolument rien, qui rappelle ou consacre le principe que la rente aujourd'hui cinq pour cent consolidés, est remboursable à la volonté du gouvernement, essentiellement et de droit.

Si l'on eût invité M. le rapporteur à justifier, par la lecture des articles 85, 86, 87, 88 et 89, l'application qu'il en faisait au projet de loi proposé, il eût sans doute été fort embarrassé (1).

____

(1) Je ne rapporte pas le texte de ces articles ; en les lisant on se convaincra de la vérité de mes observations.

Si l'on était malhonnête, on pourrait dire : Ne vous contentez pas de citer la loi ; lisez - la, et justifiez votre application ; autrement je la crois fausse. Mais la malhonnêteté n'est, le plus souvent, que la franche vérité ; comment pourrait elle plaire aux hommes ?

HUITIÈME SECTION.

*Destination spéciale de la caisse d'amortisse-
ment.*

Tous les raisonnemens du ministère relativement à la caisse d'amortissement, ne peuvent détruire le but de cette institution.

M. le rapporteur, moins captieux, plus sin-
cère que le ministère, a nettement avoué, et le
ministre n'a pas dû entendre cette déclaration
avec plaisir, *que le capital du rentier ne pouvait jamais être exigé, attendu que l'Etat a
pourvu à l'extinction successive de la rente
par le moyen de l'amortissement* (1).

C'est ce que le ministre paraît ne pas vouloir
reconnaître formellement; c'est ce que chacun
dit, proclame; ce qui est un hommage énergiquement rendu aux dispositions de la loi du 21

____

(1) Séance du 18 avril 1824.

floréal an **X**, et surtout à la déclaration faite en 1817, que jamais le capital des emprunts *ne serait remboursé.*

C'est enfin ce que je ne cesserai de répéter , considérant la caisse d'amortissement comme une espèce de garantie hypothécaire pour le rentier, comme la représentation, à son égard, des immeubles, des sûretés, des gages que les particuliers sont obligés de se fournir entre eux; comme la seule voie réservée, assignée au gouvernement par la nature du contrat, par l'intention de la loi pour le retirement des rentes, qui, dans tous les cas et d'après la volonté patente du législateur, doivent subsister perpétuellement à la concurrence de 60 millions, dans l'intérêt même de l'État, toutes celles excédant cette somme, se trouvant *constamment et nécessairement soumises à l'amortissement.*

M. le rapporteur a senti la force de l'aveu qu'il venait de laisser échapper; c'était formellement reconnaître que *l'État ne pouvait retirer ou réduire la rente que par l'amortissement.*

Il a essayé d'en détruire les conséquences fâcheuses pour le projet.

« Cependant, a-t-il dit , qu'on ne *s'ima-* » *gine pas pouvoir rétorquer* ce motif contre

» le droit que revendique le gouvernement
» de rembourser quand il le juge convenable;
» le remboursement lui est facultatif et non
» obligatoire ».

M. Masson a, comme on le voit, pressenti l'argument qu'on devait tirer de la sincérité volontaire ou irréfléchie de sa déclaration. La vérité l'avait entraîné; il proclamait en termes non équivoques l'objet, l'intention unique de l'amortissement, institué précisément pour éviter la réduction, le remboursement, la banqueroute. Il veut s'y soustraire, il tâche de rattraper ses paroles, il n'était plus temps; déjà elles étaient consignées dans des pages où elles sont restées ineffaçables avec leurs conséquences.

Eh! de grâce, amortissez, amortissez, rachetez sur la place où journellement se vendent, se trafiquent, se brocantent vos 5 pour 100 *consolidés*.

Ainsi retirés, appliquez-les, si vous le jugez convenable, opportun, à des mesures d'équité, de justice, d'humanité, d'honneur; je ne pense pas qu'alors on soit tenté de vous en reprocher l'emploi ainsi justifié, ou qu'on vous accuse de *dépouiller l'amortissement* (1).

---

(1) Expressions du ministre.

Ne le *suspendez* (1) pas, surtout ! On vous le répète, amortissez, mais ne remboursez pas ; ne réduisez pas, ne troublez pas la tranquillité de personne, n'attaquez pas les fortunes, surtout les moins aisées ; ne violez pas les conventions, les promesses, les contrats ;

Conformez-vous à la loi du 21 floréal, créatrice des 5 pour 100 consolidés, *prohibitive* de vos combinaisons désastreuses, injustes, funestes, impolitiques.

Mais le ministre paraît ne pas vouloir permettre que l'on touche cette corde sensible ; il a sans doute d'excellentes raisons pour cela ; sont-elles dans le véritable intérêt de l'État ? il pourrait être permis d'en douter, même en supposant qu'il le croie, ainsi qu'il faut le penser.

____

(1) Expression du ministre.

____

NEUVIÈME SECTION.

Explication des mots Cinq pour cent consolidés.—*Démonstration qu'ils ne sont point
remboursables, que le projet est inadmissible.*

« Veut-on, a dit le ministre, chercher le
» droit que nous avons de rembourser? Dans
» nos actes particuliers avec nos prêteurs:
» Leurs titres portent *Cinq pour cent.*
» Pourquoi constater le capital, *qui n'est
» jamais exigible,* si ce n'est pas pour re-
» connaître qu'il est remboursable à ce taux?
» Cette prévision, a dit M. le rapporteur,
» se trouve encore énoncée dans tous les em-
» prunts contractés depuis la restauration.
» En effet, exprimer dans l'inscription, *Cinq
» pour cent,* lorsqu'on a reçu une somme
» moindre, c'est évidemment se reconnaître
» débiteur de ce capital. »

Comme on le voit , M. le rapporteur a transcrit fidèlement, dans son rapport , le raisonnement ministériel. Mais il n'est pas plus concluant dans l'*exposé* de l'un qué dans le *rapport* de l'autre.

On devait croire que le ministre allait citer textuellement la réserve du droit ; point. C'est dans une interprétation captieuse qu'il va chercher la preuve de son droit, et M. le rapporteur, ne pouvant apparemment s'expliquer l'inexplicable interprétation du ministre, surtout en présence du mot *consolidé*, qui s'y trouve si fortement accolé , il s'est contenté de la reproduction presque sans commentaire.

Il est facile de donner aux mots tel sens que l'on veut , selon qu'on y est intéressé. Les paroles sont si fugitives, qu'on se permet à la tribune de beaucoup hasarder ; et une explication insidieuse, inattendue, enlève souvent une décision qu'un moment de réflexion pourrait empêcher.

Mais nous ne pouvons être ici de l'avis du ministre.

Non , *cinq* pour *cent* ne veulent pas dire que vous vous reconnaissez *débiteur* de cent *francs*, mais seulement rappellent *le taux primitif* auquel les rentes ont été vendues.

Ce taux est ainsi relaté dans l'inscription, qui est le titre de la vente que vous avez faite, pour fixer ce point important et pour que vous ne puissiez pas diminuer cette *quotité primitive de 5 francs*, relative à 100 *francs*, à votre gré, à votre unique avantage.

Cinq, c'est la quotité de marchandise que vous êtes obligés de livrer par année; *cent*, c'est le prix qu'on vous a payé pour cela. Il fallait bien le rappeler dans le titre constatant l'achat et la vente.

L'aliénation ainsi faite, par vous de la rente, par moi de mon argent, est irrédimible et ne peut être résiliée que par des événemens de force majeure ou notre volonté respective; et jamais il n'est venu en pensée raisonnable, qu'exprimer dans un acte de vente, dans un marché, la quotité et la qualité de la marchandise que l'on vend, ainsi que *le prix* pour lequel on l'achète, c'est se reconnaître débiteur de ce prix reçu (quand d'ailleurs on le *proclame non exigible*), et en même-temps se réserver le droit de rompre, d'anéantir un jour le contrat, irréfragable de sa nature.

Il faut toute la perspicacité d'un œil ministériel pour découvrir la réserve si imperceptible de son droit, dans cette stigmate ineffaçable *cinq pour cent.*

Mais ce qui *est bien autrement* perceptible, ce qui ruine l'ingénieuse découverte du ministre, son coup-d'œil si pénétrant, si exercé, ne l'aperçoit pas, ou ne veut pas l'apercevoir.

Il ne voit pas, accolé à ces mots 5 p 100. ce mot imposant, ce *gros mot* CONSOLIDÉ, *solidum*, qui détruit de fond en comble l'explication ministérielle, et la rend si futile; ce mot *consolidé* qui précisément distingu esi énergiquement notre rente de la rente du Code, *qui n'est point consolidée.*

De bonne foi, j'en appelle au ministre sans intérêt, au ministre de sang-froid : Pourquoi ce mot *consolidé*, qu'on ne peut détacher de ceux *cinq pour cent*, qui y est irrévocablement, *légalement* fixé, adhérent?

Que veut-il dire? sinon qu'il est désormais défendu d'attaquer le taux de la rente, de la réduire, de la rembourser; ce taux *cinq consolidé* qui doit invariablement rester sans réduction, sans remboursement.

Pourquoi ce mot *consolidé*, appât à l'aide duquel on aspire les capitaux du rentier, qui, sans cela, sans la confiance que ce mot rassurant lui inspire, placerait peut-être ses fonds plus sûrement et plus avantageusement.

Pourquoi ce mot *consolidé* enfin, qui est aussi la preuve *légale* que la caisse d'amortissement seule doit faire disparaître la rente, pour ne blesser ni les conventions en les altérant, ni les personnes en les troublant dans leur fortune, tranquillisée par l'exécution fidèle et perpétuelle des engagemens de l'État.

Consolidé! ce mot magique dit tout, tranche tout; il confond, il pétrifie la mesure.

En remontant à l'origine du contrat, *cinq* est donc la déclaration de *quotité* de la chose vendue par l'État, et qu'il livre par année; *cent*, la déclaration récognitive de la somme originairement reçue par l'État (1).

Consolidé! la reconnaissance, la consécration de l'inviolabilité du contrat; c'est-à-dire que la rente sera toujours *cinq*, et ne sera jamais diminuée ou remboursée.

— L'interprétation du ministre est, comme on le voit, fausse, hasardée, irréfléchie, enfin inexplicable, puisqu'en même temps il proclame que le capital de la rente *n'est jamais exigible*.

---

(1) *Cent!* mais c'est la cause de l'obligation. Il faut bien qu'elle soit exprimée dans le titre. Point d'obligation sans cause. Oh! vraiment, lorsqu'on y réfléchit sérieusement, on ne peut se rendre compte de l'interprétation inconcevable de ce mot *cent* par le ministère; il y a là plus que de la naïveté.

Or, que signifie la reconnaissance d'une dette qu'on déclare n'être jamais exigible ? N'est-ce pas dire qu'on est débiteur et qu'on ne l'est pas? n'est-ce pas une véritable plaisanterie? ou plutôt n'est-ce pas reconnaître dans cette inexigibilité que la rente n'est point remboursable ?

Et d'ailleurs c'est dans l'esprit, dans l'intention implicite de la loi, que l'on doit surtout puiser l'interprétation, la raison de décider; l'esprit éclaire, la lettre tue.

La loi qui a qualifié la rente 5 p. 100 *consolidés* a reconnu, par cette qualification, que cette nature d'engagement sortait de la classe, de la catégorie des rentes proprement dites, de la rente du Code, dont elle porte *improprement* le nom.

Par cette dénomination définitive, le législateur a implicitement consacré en fait et en principe :

Qu'originairement la rente 5 francs a été payée 100 francs ;

Que l'État s'est obligé à la livrer perpétuellement pour ce prix, au taux de *cinq francs* par année;

Qu'il y a eu alors vente, aliénation ;

Qu'étant le résultat d'un contrat de vente, elle était *irrédimible*;

Qu'il fallait ramener le contrat à ses premières bases, à sa primitive vertu ;

Qu'il fallait rendre, pour l'avenir, à cette quotité de *cinq francs* originairement vendue, aliénée, et trop de fois réduite, mutilée, son caractère inattaquable, immuable, inviolable ;

La soustraire aux volontés capricieuses, envahissantes du gouvernement des ministres;

Et dans cette ferme disposition, il l'a dénommée *cinq pour cent consolidés*, pour consacrer, d'une manière concise, forte, énergique, toutes ses intentions, toute l'étendue de sa conception, de sa volonté.

Voilà, sans doute, tout ce que veulent dire ces quatre mots sacramentels, *cinq pour cent consolidés;* les voilà, je crois, exactement traduits.

La rente, ou plutôt la dette de l'État, mal qualifiée jusqu'alors, porte désormais cette qualification légale, *cinq pour cent consolidés,* distinction bien caractéristique, et qui proscrit sans retour toutes les assimilations.

———

« Observons, » a dit le noble Pair dans son rapport à la Chambre-Haute, « que la fortune » publique ne peut être régie par les mêmes » règles que les affaires des particuliers. »

(73)

Dans la Chambre élective, l'honorable rapporteur avait dit, le 17 avril 1824 :

« Quand le gouvernement fait avec les par» ticuliers des transactions analogues à celles
» qu'ils font entre eux, il devient un contrac» tant ordinaire. » Et le 6 avril, il disait : « Le
» gouvernement est, comme le particulier,
» soumis à la loi civile. »

Je prends la liberté de répondre au premier: C'est parce que le gouvernement ne serait pas régi par les mêmes règles que les particuliers, qu'il ne faudrait pas, comme le fait le ministère, invoquer le Code civil, pour assimiler à la rente régie par cette loi, les cinq pour cent consolidés.

Je réponds au second :
C'est parce que le gouvernement est, comme le particulier, soumis à la loi civile, qu'il ne peut choisir dans cette loi les dispositions qui lui paraissent favorables à ses projets ; mais qu'il doit se soumettre aux dispositions qui, seules, sont applicables à la question.

En conscience, comment accorder de pareils principes ? Nous contraindre à nous y soumettre, n'est-ce pas nous courber sous l'arbitraire ?

Quelle marche effet !

Prendre, quitter, reprendre alternativement une position, une attitude, selon qu'on la trouve plus ou moins commode, plus ou moins gênante; invoquer la loi civile, puis la repousser; reconnaître que dans ses transactions avec les particuliers on est un contractant ordinaire, puis se soustraire par des argumentations captieuses et qui sentent l'école, aux dispositions de la loi, qui régissent les transactions ordinaires, pour s'envelopper de celles qui n'y sont point relatives, quelle convenance!

« Prétendre, à l'aide de pareilles tergiversations, assimiler la rente régie par le Code civil, aux 5 pour 100 consolidés, n'est-ce pas comme si l'on voulait assimiler le soleil à la lune, parce que tous deux nous paraissent ronds, parce que tous deux rayonnent à nos yeux.

La rente (du Code) a de la ressemblance avec les 5 pour 100 consolidés, parce que vulgairement on les appelle *rentes*, parce que les livraisons s'en font comme le paiement des autres rentes par année ou par six mois.

Mais sous tous les autres rapports, quelle différence !

Le 5 pour 100 n'est point garanti, la rente du Code est garantie;

Le capital des 5 pour 100 n'est pas exigible, le capital de la rente est exigible ;

Les 5 pour 100 ne sont pas soumis à la prescription, la rente est prescriptible.

- Les 5 pour 100 sont qualifiés 5 pour 100 consolidés, et ils sont *consolidés* ; la rente est qualifiée rente perpétuelle, elle n'est point *consolidée*.

Les 5 pour 100 sont dans le commerce, la rente n'est point dans le commerce.

Les 5 pour 100 sont *insaisissables* (1), la rente est saisissable.

____

(1) Insaisissables, c'est encore un des caractères particuliers à cette valeur, où l'on reconnaît par quelles soigneuses précautions, par quelles fermes combinaisons, le législateur a voulu rassurer à toujours le rentier, en donnant aux 5 pour 100 un état de fixité inébranlable, inattaquable.

Ici, il les déclare insaisissables.

Là, par l'expression *consolidé*, il les constitue irréductibles.

Ici, il les soustrait au remboursement par la consolidation et l'application exclusive de l'amortissement au rachat de ce qui dépasse 60 millions.

Là enfin il les introduit dans le commerce, en les déclarant meubles pour les soumettre ainsi au régime du contrat de vente et attacher à son aliénation un cachet d'irrévocabilité qui puisse les protéger, les défendre contre toute tentative de réduction ou de remboursement.

Redisons-le, la seule législation, les seuls principes désor-

Les 5 pour 100 sont le résultat d'une vente, la rente est le résultat d'un emprunt.

Ainsi aucune ressemblance, aucune analogie, qui puissent faire appliquer aux 5 pour 100 consolidés la disposition du Code civil invoquée par le ministère.

Et aussi l'on a peine à comprendre comment des esprits sages, éclairés, se sont laissés surprendre, entraîner aussi facilement par une fausse apparence.

Faute d'examiner, même avec une légère attention, les insinuations du ministère, on semble les avoir adoptées comme pour n'y plus revenir.

---

mais applicables à la question qui s'agite maintenant ; si l'on ne veut pas user du droit du plus fort, c'est le contrat de vente, ce sont les motifs et les dispositions de la loi du 21 floréal an X, qui repoussent impérativement le projet malfaisant du ministère.

Autrement il faudra donc reconnaître la triste vérité dans cette douloureuse réflexion échappée à la plume sévère de la *Quotidienne* :

« Toute mesure du Gouvernement porte avec elle son aver-
» tissement. Celui qui sort du projet de loi, n'est malheu-
» reusement que trop clair ; c'est qu'il ne faut pas prêter à
» l'État, parce qu'il reste toujours le maître des conditions. »
(Voir la *Quotidienne* de janvier 1825.)

J'entends , en effet , des hommes graves et réfléchis , s'écrier : « Mais comment la rente » ne serait-elle pas remboursable ? comment le » gouvernement, qui a le moyen de se libérer » en remboursant, ne le pourrait il pas ? n'en » aurait-il pas le droit ? »

M. le rapporteur de la commission sur le nouveau projet, qui n'est que l'ancien modifié, mais plus désastreux pour les rentiers , et plus dangereux peut-être , s'est complaisamment abandonné à cette trompeuse apparence de l'opinion générale , et pour soulager son travail de la partie la plus épineuse à traiter, il a tranché la difficulté fort lestement.

« L'ancienne discussion , a-t-il dit , a laissé » intact le principe de remboursement facul- » tatif au pair. Le point de droit est résolu ; » nous n'avons plus à nous en occuper. »

Je crois, au contraire, la discussion prête à reprendre, et la question plus engagée que jamais.

L'opinion publique, si légère , si mobile , si souvent abusée , n'est pas , que je sache, une décision, un jugement, une loi. Ce n'est qu'*un préjugé* , et non pas , ainsi que le dit le rapporteur , *la chose jugée.*

Combien de fois une longue jurisprudence, résultat de mûres délibérations, de profondes méditations, finit-elle par s'écrouler devant la plus simple explication ?

Combien de fois les tribunaux sont-ils revenus sur des décisions qui semblaient devoir invariablement la fixer ?

Pourquoi alors l'opinion publique, trompée, séduite par des argumentations captieuses, des interprétations prestigieuses, ne reviendrait-elle pas de son erreur ?

Pour établir un principe de droit, il faut plus que la simple opinion publique.

En pareille matière, une disposition législative peut seule consacrer le droit, et tant que cette loi n'est pas portée, ce droit peut être mis en question.

Eh ! Messieurs, veuillez bien vous pénétrer de ce qu'est notre rente, espèce de marchandise qui se vend, se brocante journellement sur la place comme toute autre marchandise.

Supposez (tout ce qui n'est pas impossible est supposable) que j'aie fait avec vous un marché par lequel, pour une somme qui vous a convenu, que je vous ai payée, vous vous êtes soumis à me livrer annuellement et perpétuellement, c'est-à-dire tant que vous en aurez les moyens, tant que vous serez solvables, vingt, trente, quarante livres de sucre ou de café ;

Penserez-vous que vous pouvez vous rédimer de cette espèce de dette que vous avez contractée? de cette espèce de propriété que vous avez aliénée à perpétuité, et cela à votre gré, quand bon vous semblera?

Non, sans doute : quand vous avez fait le marché, vous avez tout calculé; vous avez songé aux moyens de vous assurer le sucre, le café nécessaires au service de votre obligation. Avec mon argent vous avez pu tirer d'autres avantages plus considérables que je vous abandonne, dont je n'entends ni ne puis-vous demander compte.

Il en est de même de l'argent donné au gouvernement. En bon administrateur, il a dû l'employer de manière à se ménager, et bien au-delà, le moyen de me servir annuellement la chose, *les cinq francs perpétuels* que je lui ai achetés; il doit les payer tant qu'il sera solvable ; la durée n'y fait rien.

Eh! bon Dieu, les rentes ne s'usent-elles pas peu à peu? ne finissent-elles pas par s'éteindre? Combien d'événemens se succèdent et se renouvellent pour cela.

Si, jusqu'au rétablissement de l'ordre dans nos finances, les ressources que, depuis

pouvait procurer la caisse d'amortissement ont été gaspillées, la loi du 21 floréal an X les a fait prospérer ; et encore une fois, cette caisse, régie, administrée comme elle doit l'être, dans les vues de son institution, dans les conceptions, dans la volonté du législateur, doit fournir, assurer infailliblement les moyens d'anéantir journellement les rentes, la dette du gouvernement.

Qu'on ne vienne donc pas, avec des lamentations feintes et étudiées, avec de vains et de méthodiques épouvantails, nous apitoyer sur la situation pénible et douloureuse d'un gouvernement à qui l'on conteste le droit si naturel, commun à tous, de se libérer, et que l'on contraint ainsi à rester toujours débiteur malgré lui ! *Sunt lacrymæ rerum !......*

En peu de mots, il faut revenir au contrat dont l'exécution doit être inviolable. L'Etat a vendu ; la rente est une aliénation irrévocable, immuable : il faut qu'il l'exécute ; il ne peut à son gré, troubler, tourmenter, détruire les conventions ; elles sont sacrées pour lui comme pour le rentier, et c'est parce qu'il ne peut être contraint au remboursement, à cause de l'aliénation respective, qu'il n'a pas non plus le droit de le proposer.

Il est débiteur incommutable des cinq pour cent consolidés ; il doit les payer tant qu'il ne sera pas en déconfiture.

Si les moyens viennent à lui manquer, eh bien ! il fournira son bilan ; il fera ce que font les particuliers dont les affaires sont dérangées ; il demandera, il obtiendra une remise.

Mais on ne propose pas une pareille transaction en pleine prospérité (1).

Point de détour : l'Etat est riche ou il est pauvre.

Pauvre, sans moyens, sans ressources, sans crédit, il est en état de faillite ; il est à plaindre

---

(1) « Qui peut nous assurer que la jalousie qu'inspire peut-être notre prospérité présente, ne viendrait pas nous surprendre au milieu d'une si grande opération. » (M. Agier, séance du 17 février.)

M. de Berthier soutient que l'indemnité arrive en son temps, et le prouve en traçant un riche tableau de la prospérité de la France. Séance du 22. (*Quotidienne*, 23 février.)

Nous l'avons déjà déclaré, le ministère a examiné la situation financière de l'État avant de vous présenter le projet de loi. Il s'est assuré de pouvoir trouver des ressources s'il en était besoin. Oui, d'après la situation actuelle des finances, du crédit, d'après les ressources que présente le pays, vous pouvez accorder l'indemnité, sans compromettre, en quoi que ce soit, la dignité et la sûreté de la France. (M. de Villèle, 23 février. *Quotidienne* du 24.)

6

peut-être ; il inspire l'intérêt, on vient à son secours, on fait des sacrifices ; tous y contribuent.

Riche et prospère, il doit, scrupuleusement et sans rémission, exécuter ses obligations ; autrement il viole le contrat ; il manque, les mains pleines ; il se déshonore, il révolte, on le méprise ; l'intérêt et le crédit l'abandonnent à jamais (1).

Mais, dira-t-on peut-être, vous aimez donc mieux une banqueroute qui peut survenir, qu'un remboursement qui vous l'éviterait ?

Non, sans doute ; mais outre que votre remboursement serait une véritable réduction, j'adoucis le mot, une pareille interpellation, en ce moment, ne serait pas de bonne foi. Ce serait vouloir m'intimider par une crainte chimérique, qui, si vous administrez bien, ne peut se réaliser ;

Car la Caisse d'amortissement, j'y reviens toujours malgré le ministère, fournissant au gouvernement le moyen certain de retirer successivement les rentes, vous en éviterez ainsi la surcharge qui, seule, pourrait vous embarrasser.

---

(1) *Voyez* les motifs de la loi du 21 floréal, page 50.

Enfin, si aujourd'hui vous manquez à livrer les 5 pour 100 que vous avez vendus, qui vous empêchera plus tard de rembourser, c'est-à-dire de réduire encore les 4 pour 100, les 3 pour 100 que vous allez créer? Il faudra bien alors inventer, au soutien de la nouvelle mesure, des argumentations aussi solides, aussi convenables, aussi honorables que celles que l'on fait aujourd'hui pour s'autoriser à rogner le 5 pour 100 consolidés

Que l'on veuille bien, j'en conjure, lire avec attention la loi du 21 floréal an X; qu'on se pénètre bien des vues, de la volonté du législateur, et l'on sera convaincu, comme je le suis, que rien n'est plus futile, plus superficiel, plus vaporeux, que les raisonnemens du ministère et de ses partisans en faveur de l'injustifiable mesure;

Que leurs insinuations sur les mots 5 *pour* 100, detachés avec une intention malveillante de ce mot dominateur dans la question, *consolidés*, sont irrefléchies, hasardées, sans fondement;

Que toutes leurs articulations relativement à l'application de l'amortissement, sont, comme le reste, sans motifs, sans franchise, et de tous points inadmissibles.

CONCLUSION.

La rente est vendue par l'État ; vendue, elle est soumise au régime du contrat de vente ;

Soumise aux conditions de ce contrat, sou aliénation est irrévocable, inattaquable.

Le gouvernement, vendeur, doit rempl'r toutes les obligations qui en résultent.

Les deux principales que la loi lui impose, c'est de livrer, de payer la rente et de garautir, non pas le capital (1), qui est abandonné sans retour par le rentier, mais la chose vendue, la rente.

Il n'a que trois moyens pour restreindre ses engagemens : l'arbitraire, indigne de lui ; la banqueroute, plus encore indigne de son caractere, surtout en pleine postérité ; enfin la Caisse d'amortissement.

____

(1) Erreur commise p'r M. le rapporteur.

Voici la loi : « Le vendeur a deux obligations principales à remplir : celle de délivrer et celle de garantir *la chose qu'il ven...* »

Or, la loi du 21 floréal an X a consacré là quotité et la durée de la rente, par la qualification de 5 *pour* 100 *consolidés;*

Elle les a ainsi immuablement soustraits à la réduction, au remboursement.

Mais en affermissant, en dotant la Caisse d'amortissement, la loi a spécialement affecté ses opérations au retirement des 5 pour 100.

C'est la seule voie que le législateur ait assignée, réservée à l'État, pour retirer, pour diminuer la masse de ses obligations; autrement, il viole la loi, le contrat, il ...... manque à ses engagemens; c'est le législateur qui l'a dit. *Voyez* page 50, *section* 6.

Bref, le projet de loi proposé par le ministère est en opposition ouverte avec les conditions du contrat de vente, avec la loi constitutive des 5 pour 100, avec les intentions, les conceptions, la volonté du législateur; il est donc *illégal.*

Il attaque la fortune particulière; il dépouille l'un pour couvrir l'autre; il est spoliateur, il est donc *injuste.*

Il soulève les passions, les haines, blesse les intérêts, tourmente les familles, les livre à l'agiotage, les précipite vers leur ruine, les désespère; il est donc *dangereux.*

Il altère sensiblement l'attachement qu'on

a pour l'Etat, la confiance qu'il inspire, la sé-
curité qu'on a dans ses promesses, ses engagemens; il compromet le crédit public.... Il est
donc *impolitique.*

Illégal, injuste, dangereux, impolitique,
Il est donc improposable, inadmissible.
Il doit être rejeté.

J'y conclus. Espérons qu'il le sera, et osons
croire qu'une loi de justice et d'honneur, celle
de l'indemnité, ne sera pas l'extrait mor-
tuaire des rentiers.

FIN.